Libro para colorear

Occidental

Vaquero

Coloring Pages for Kids

Coloring Pages for Kids
An imprint of Ciparum LLC

Libro para colorear occidental Vaquero
© 2017 Ciparum LLC
All rights reserved.
ISBN-10:1-63589-432-8
ISBN-13:978-1-63589-432-5

Coloring Pages for Kids

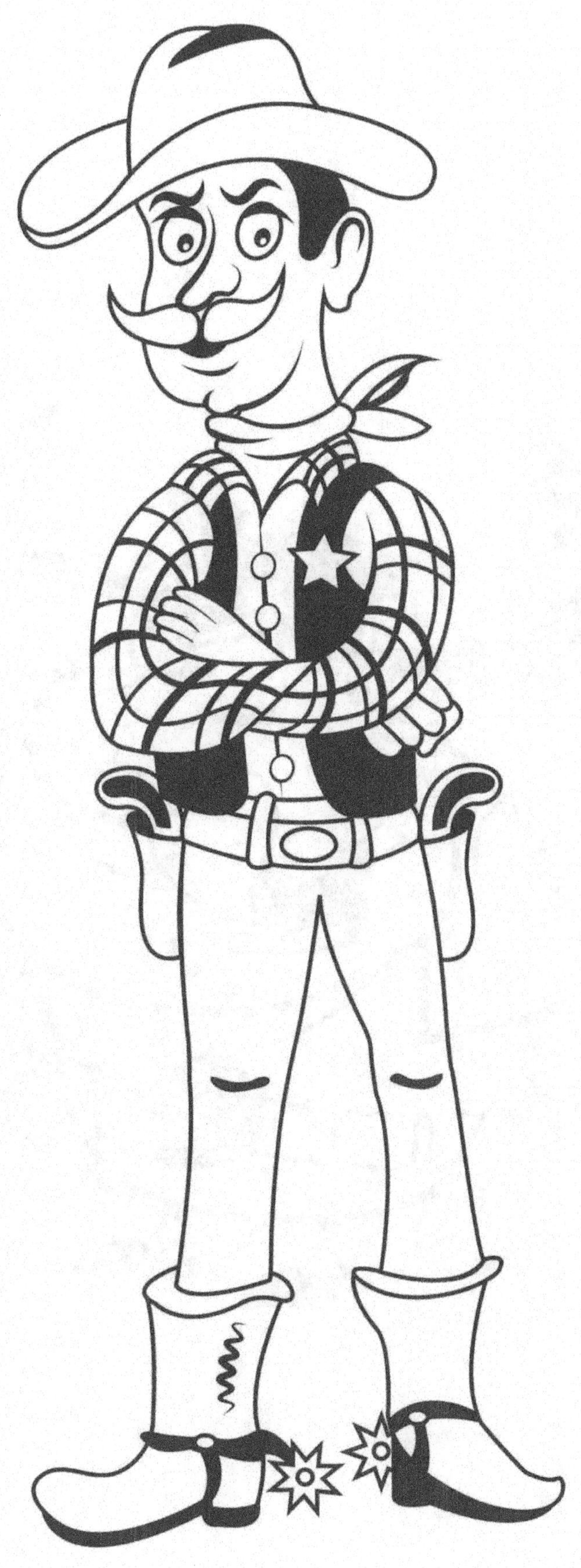

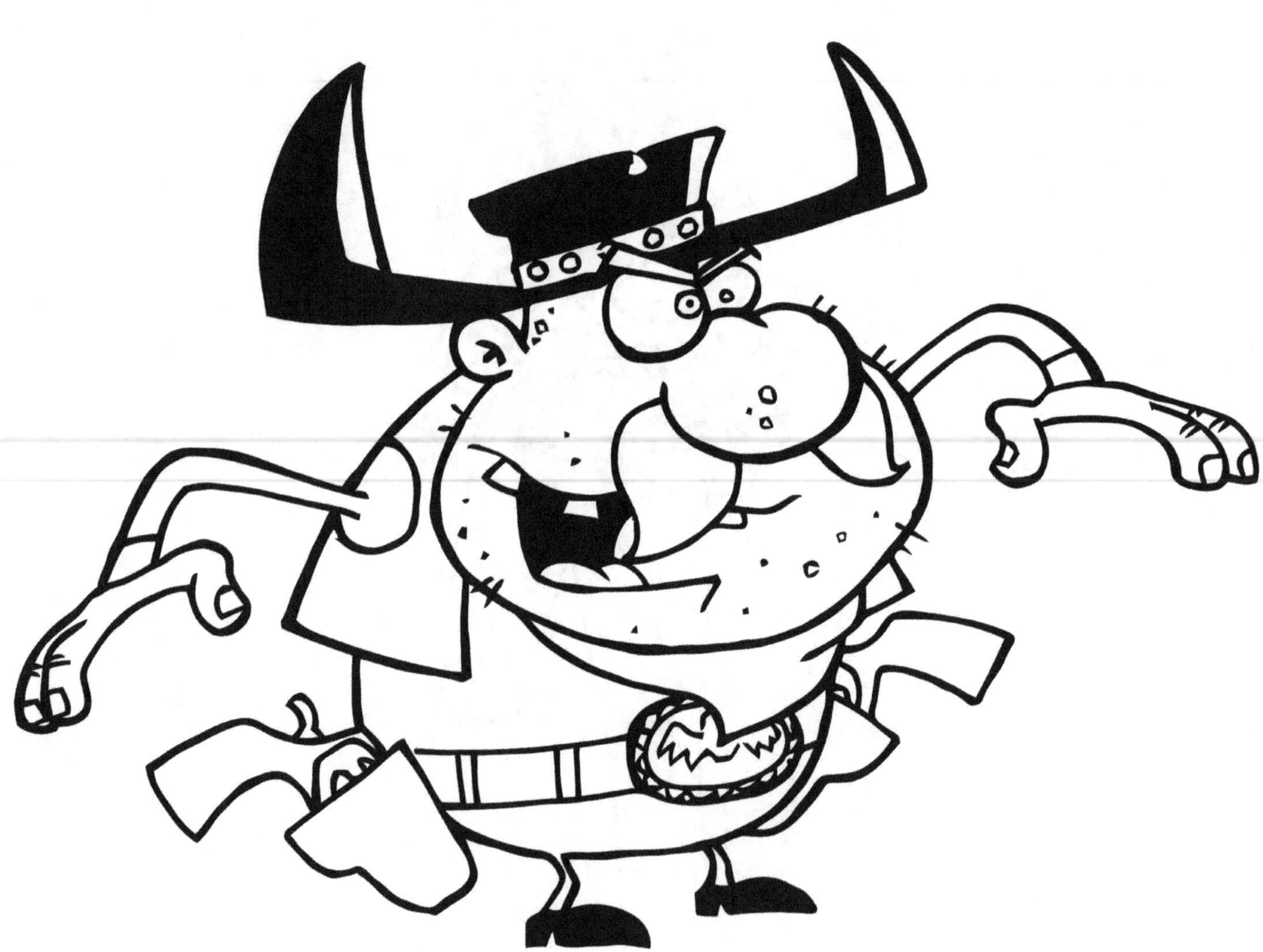

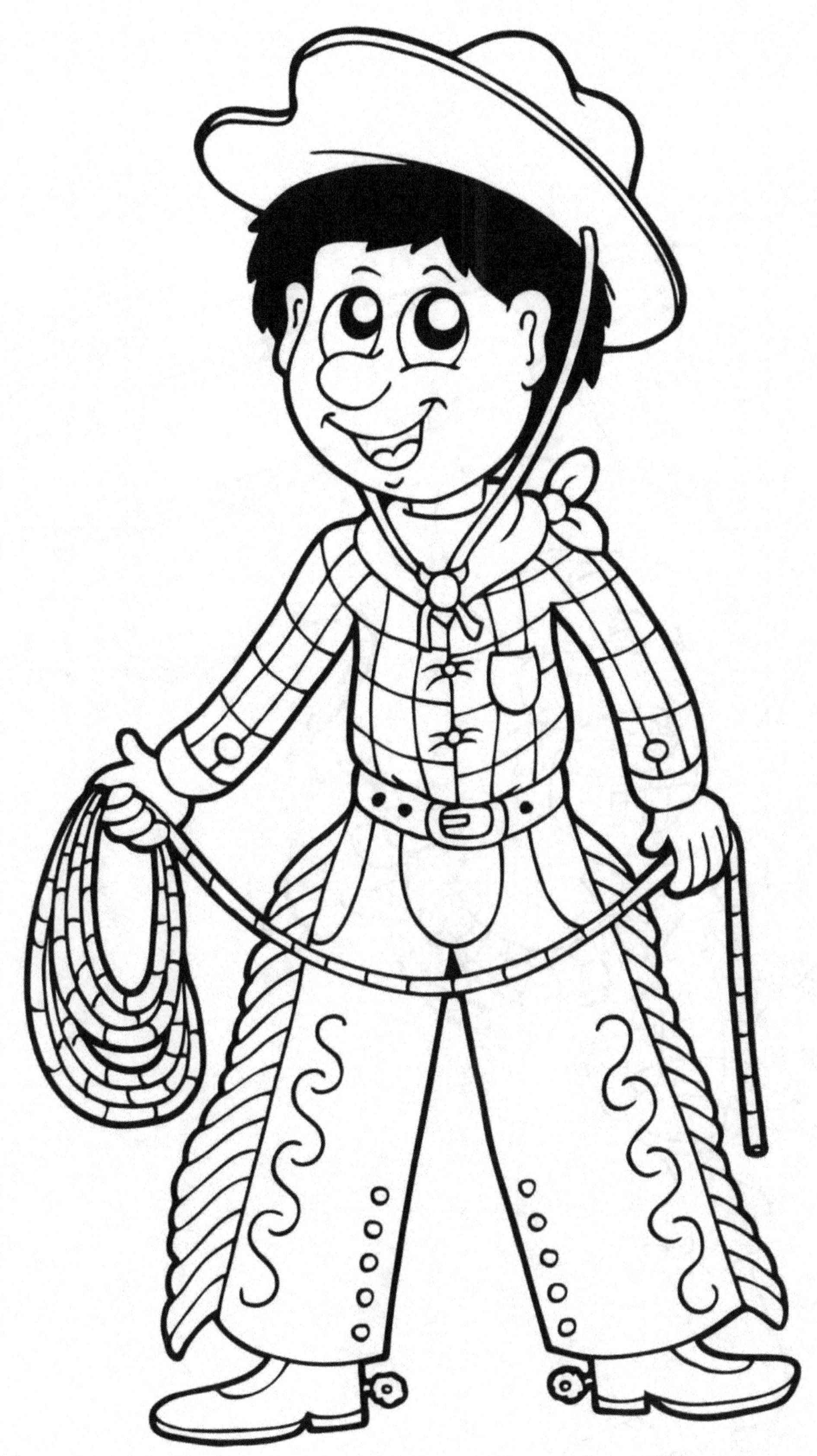

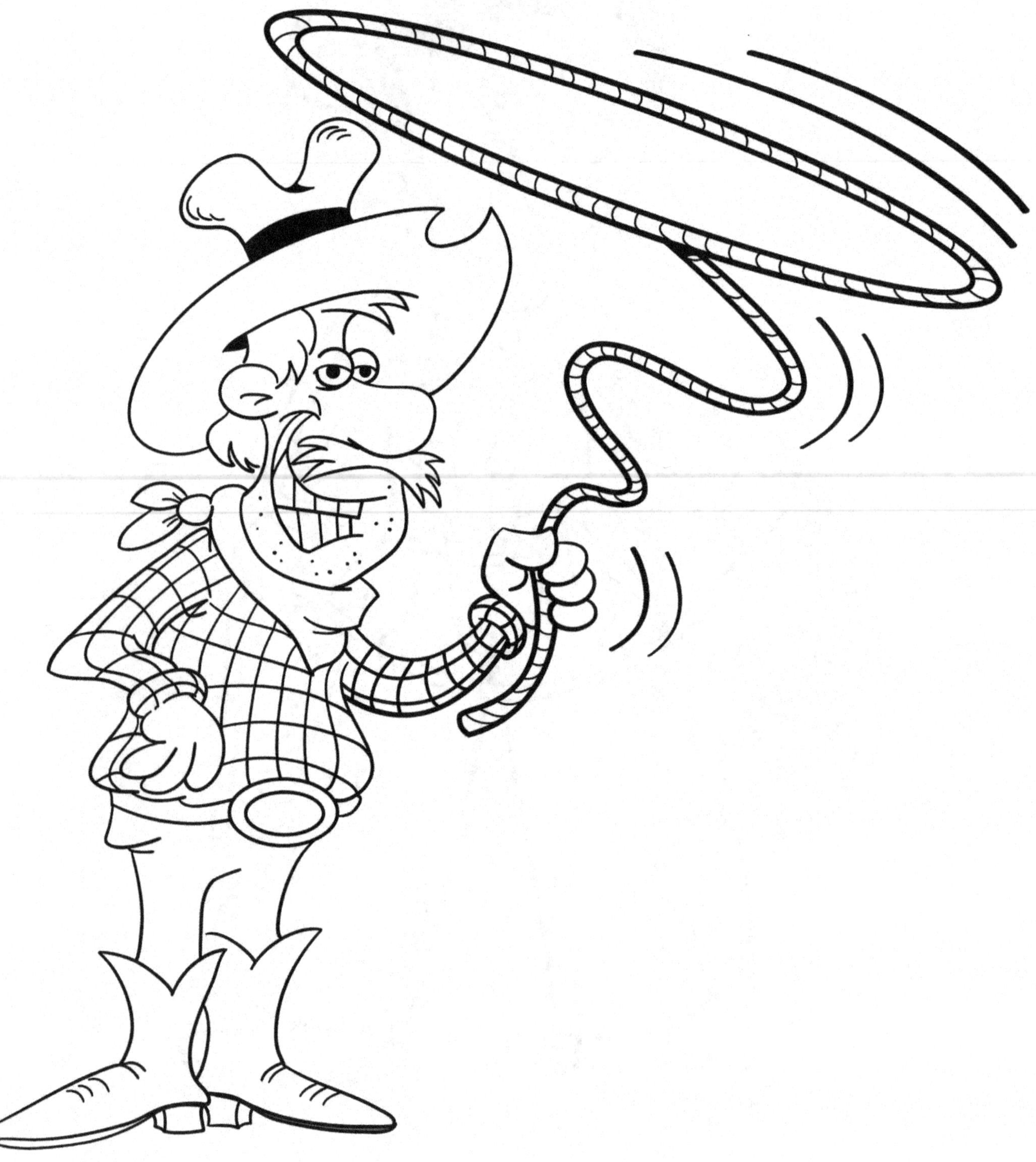

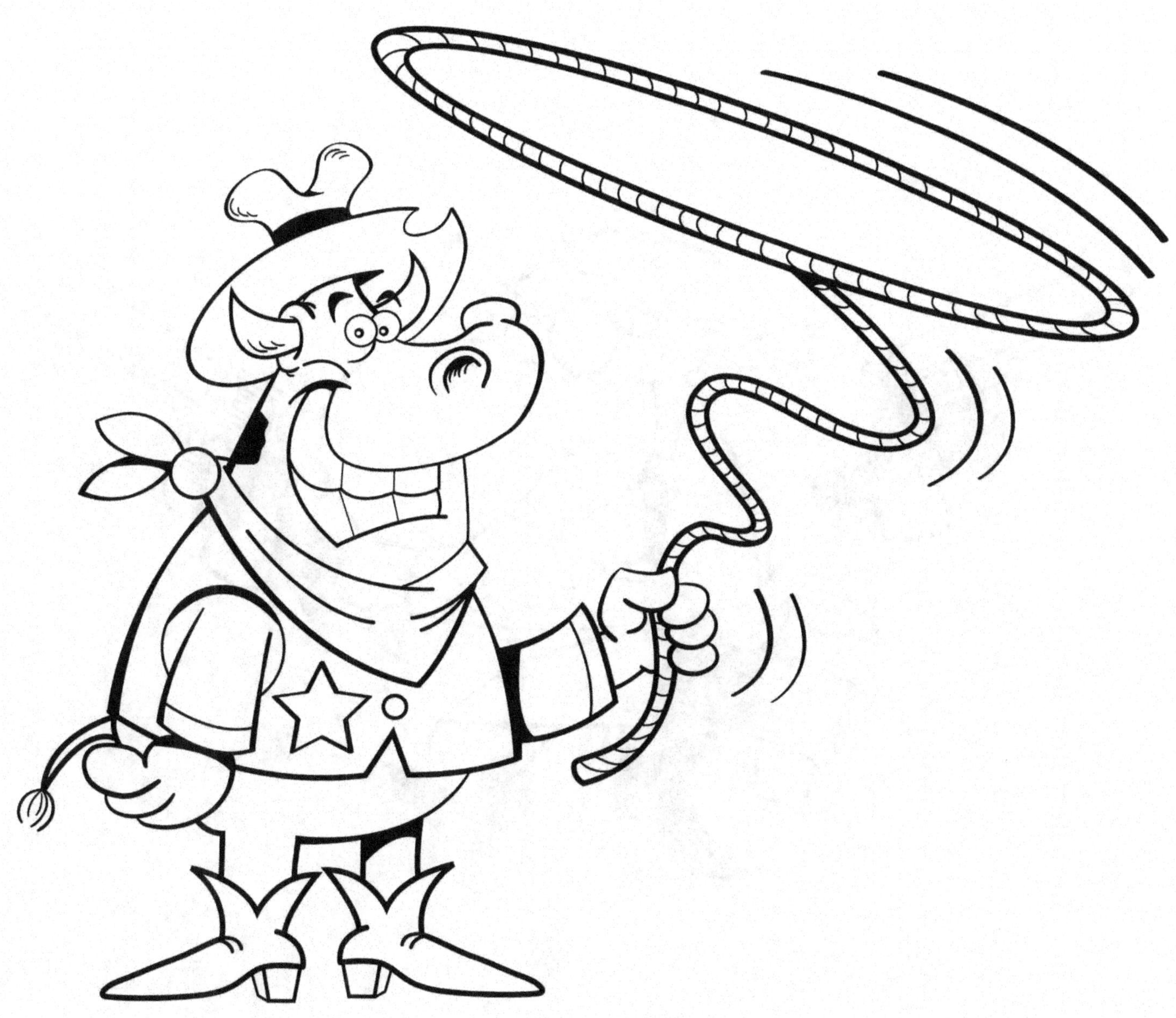

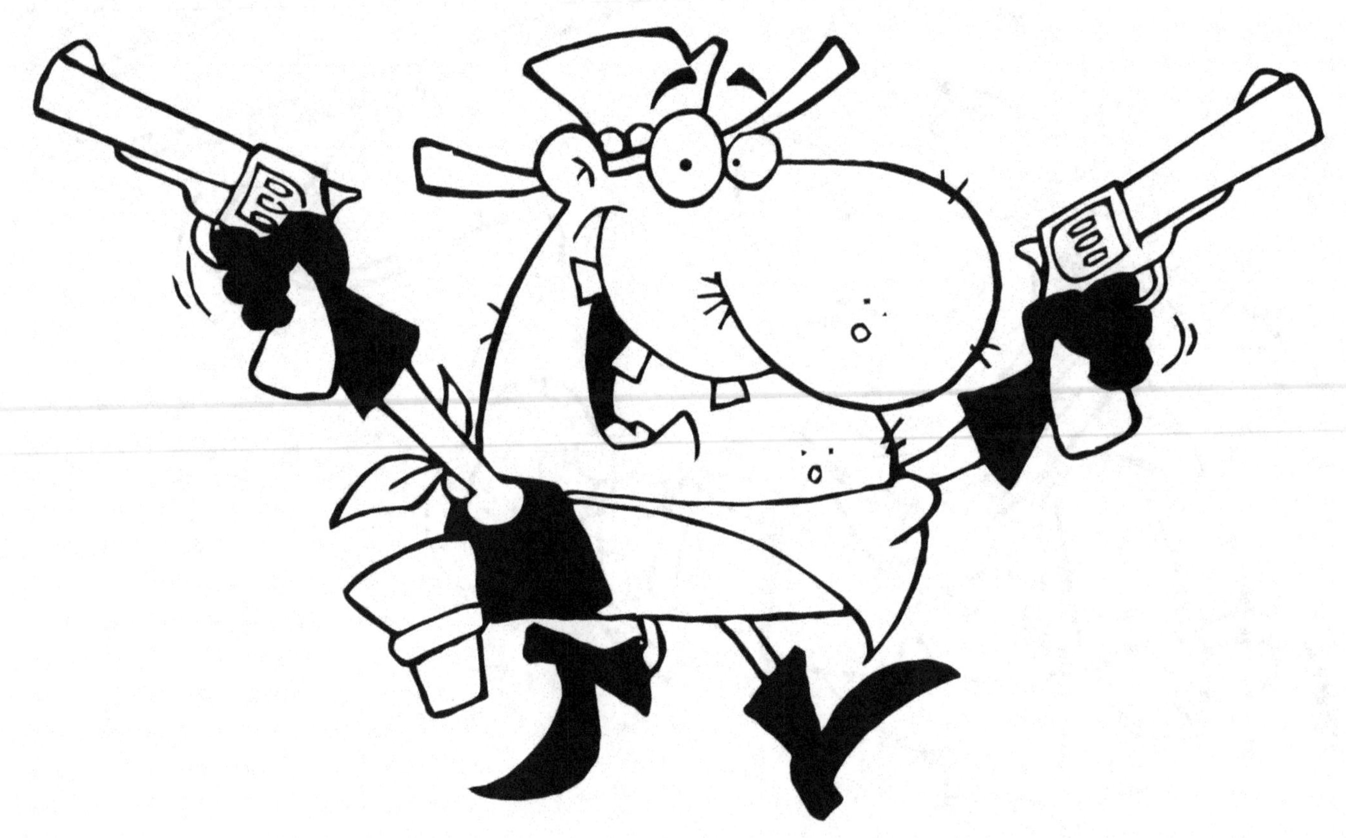

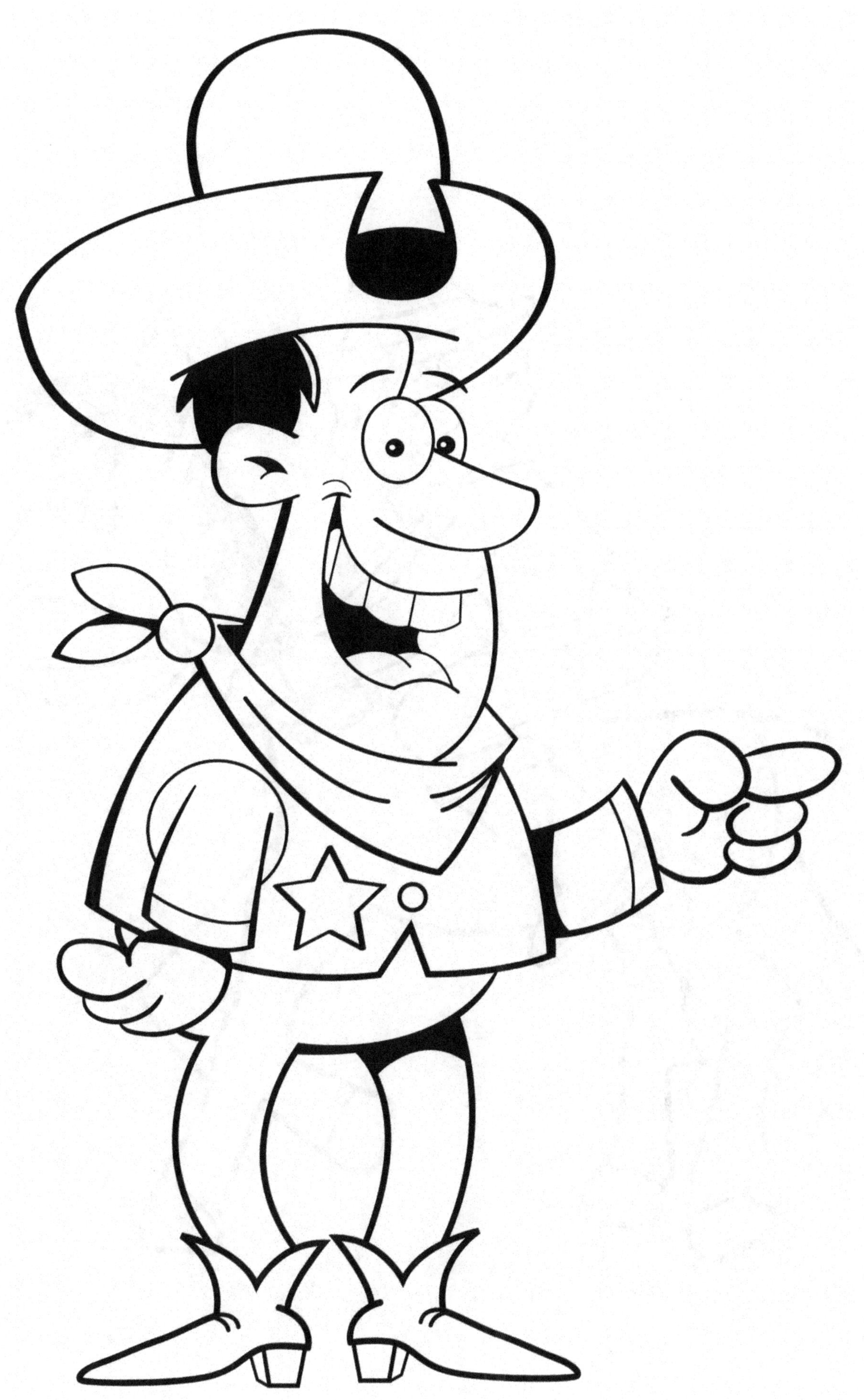

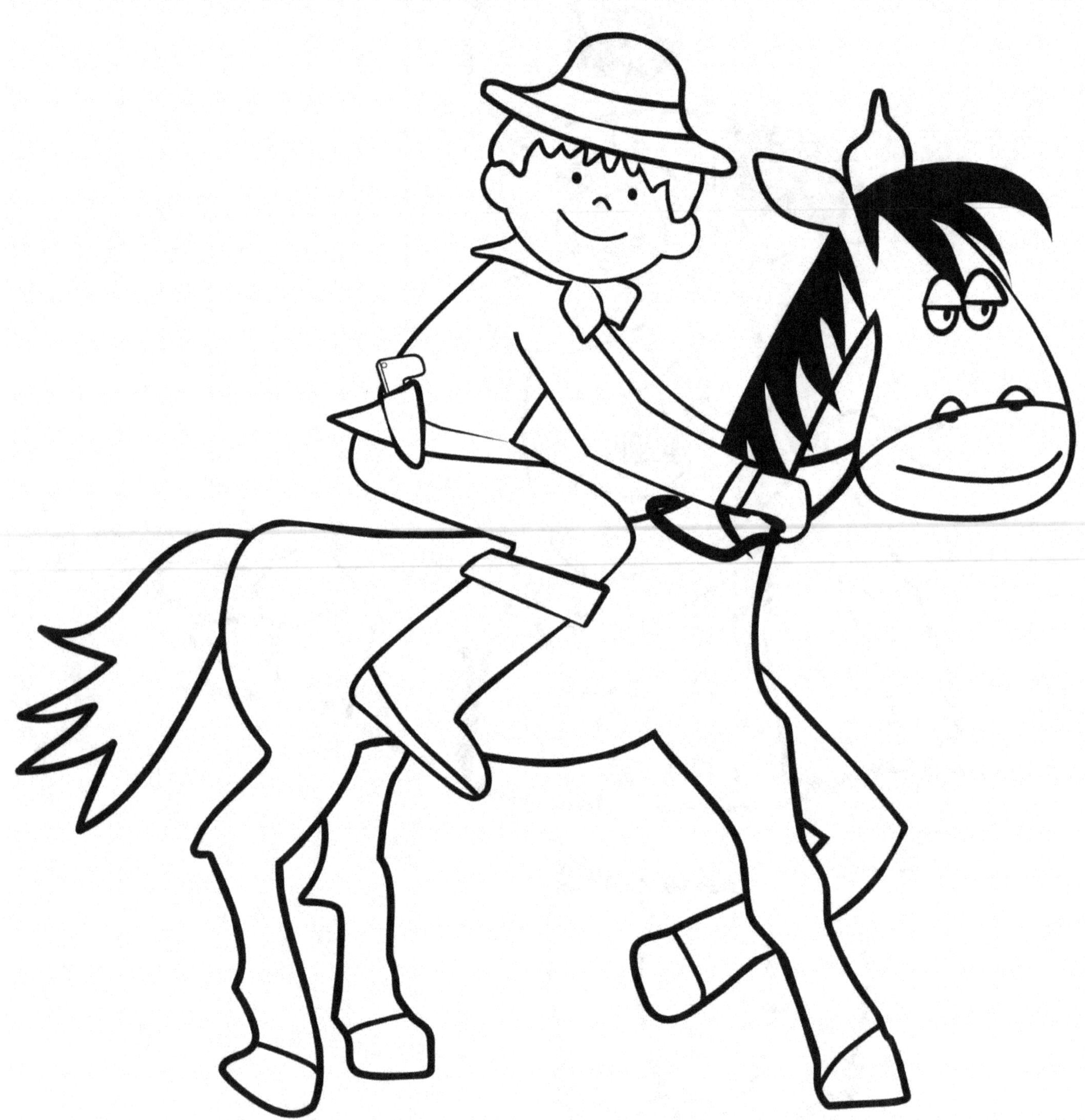

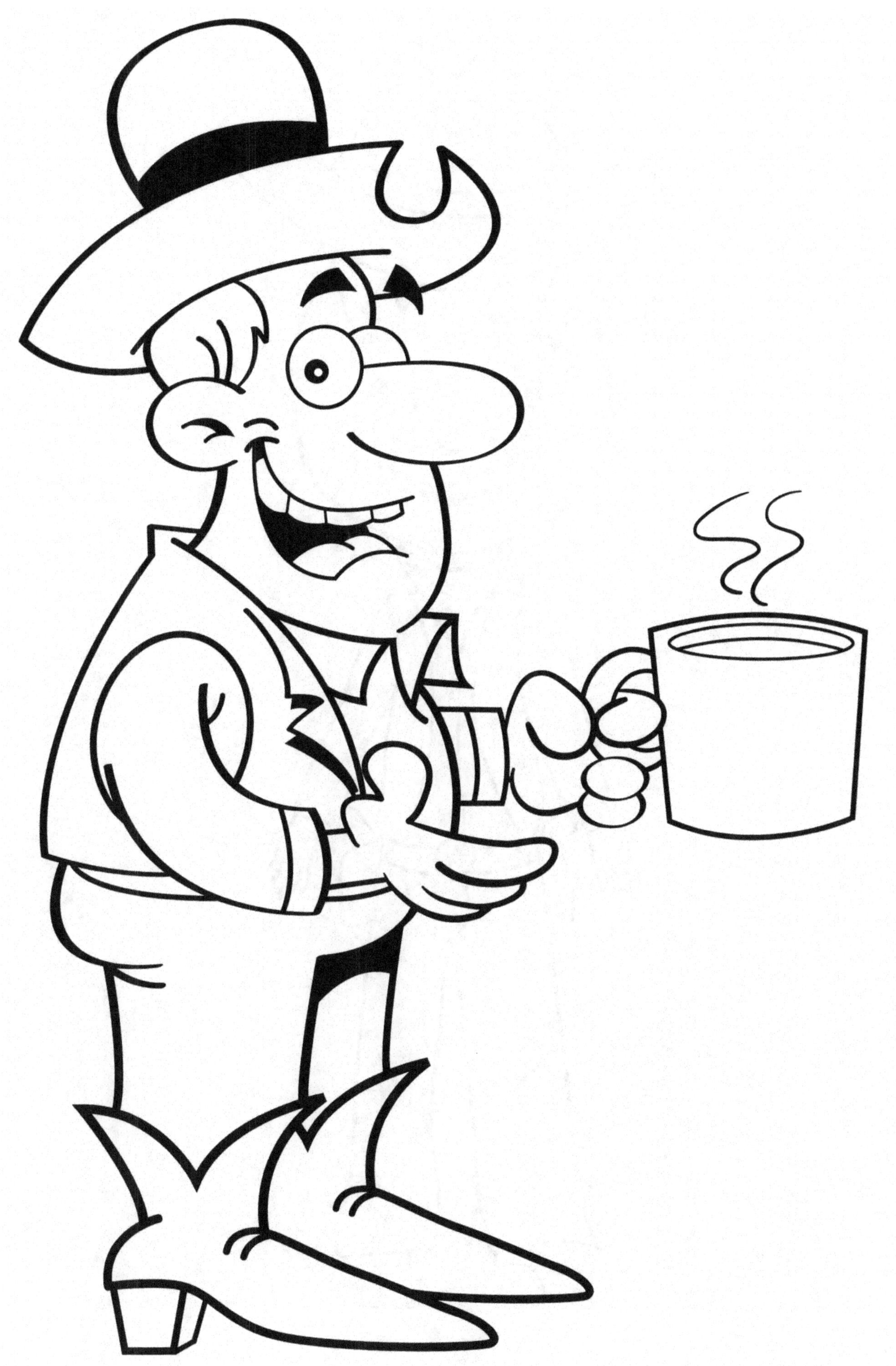

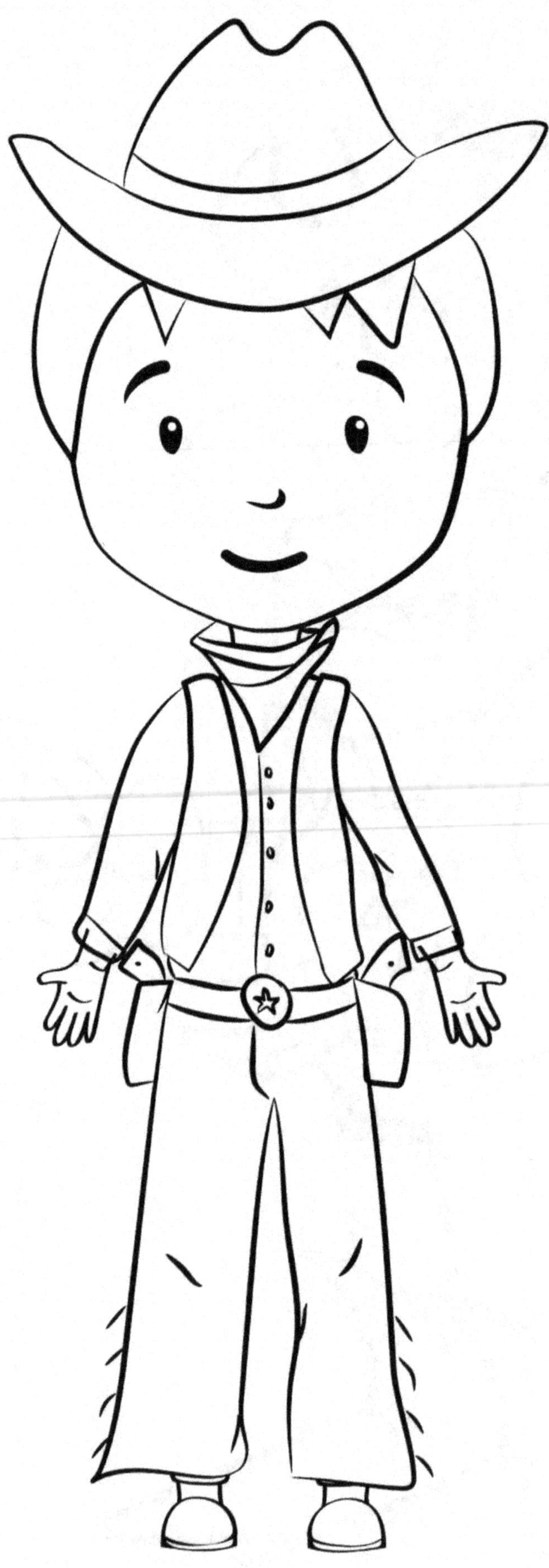

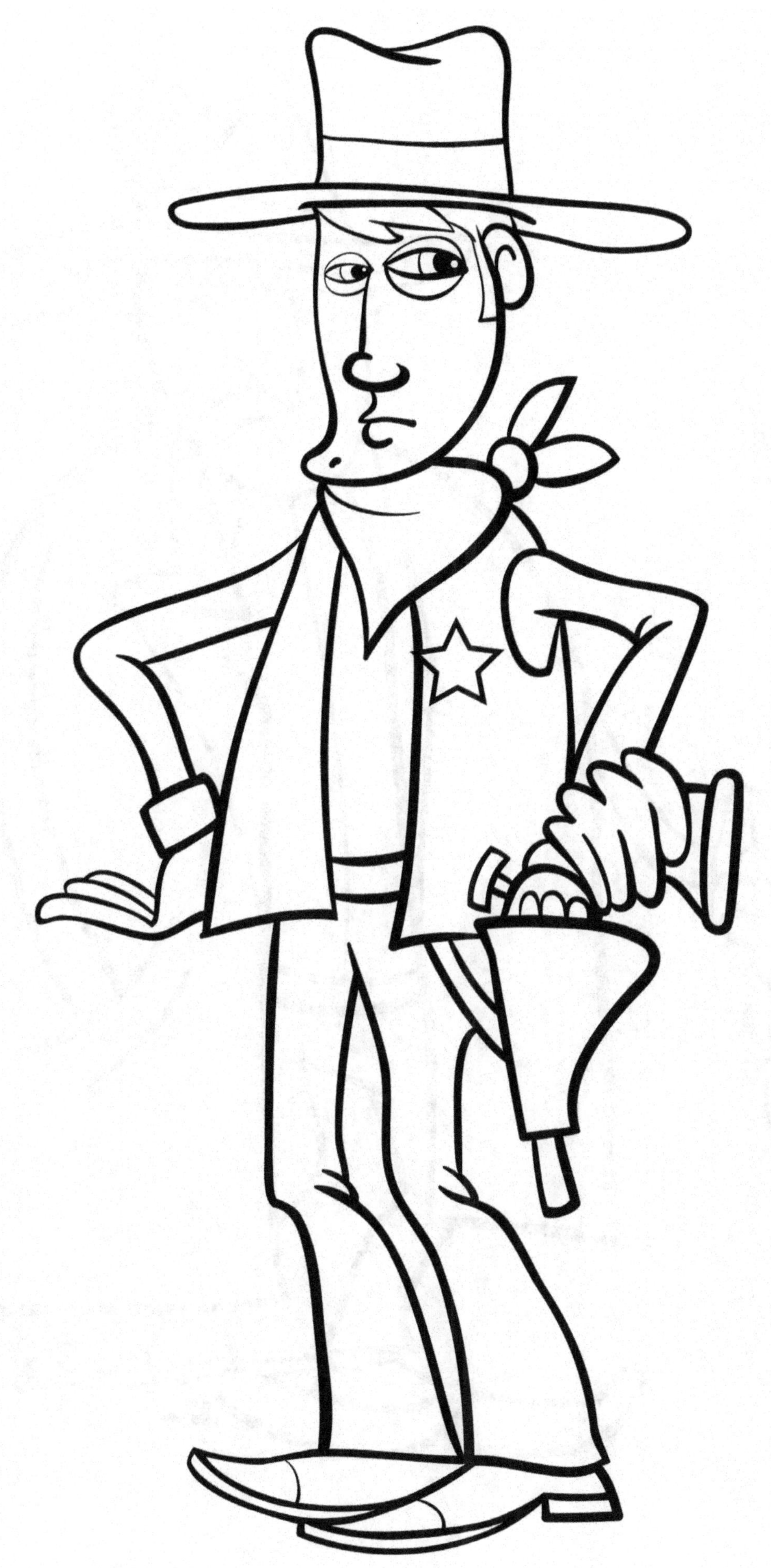

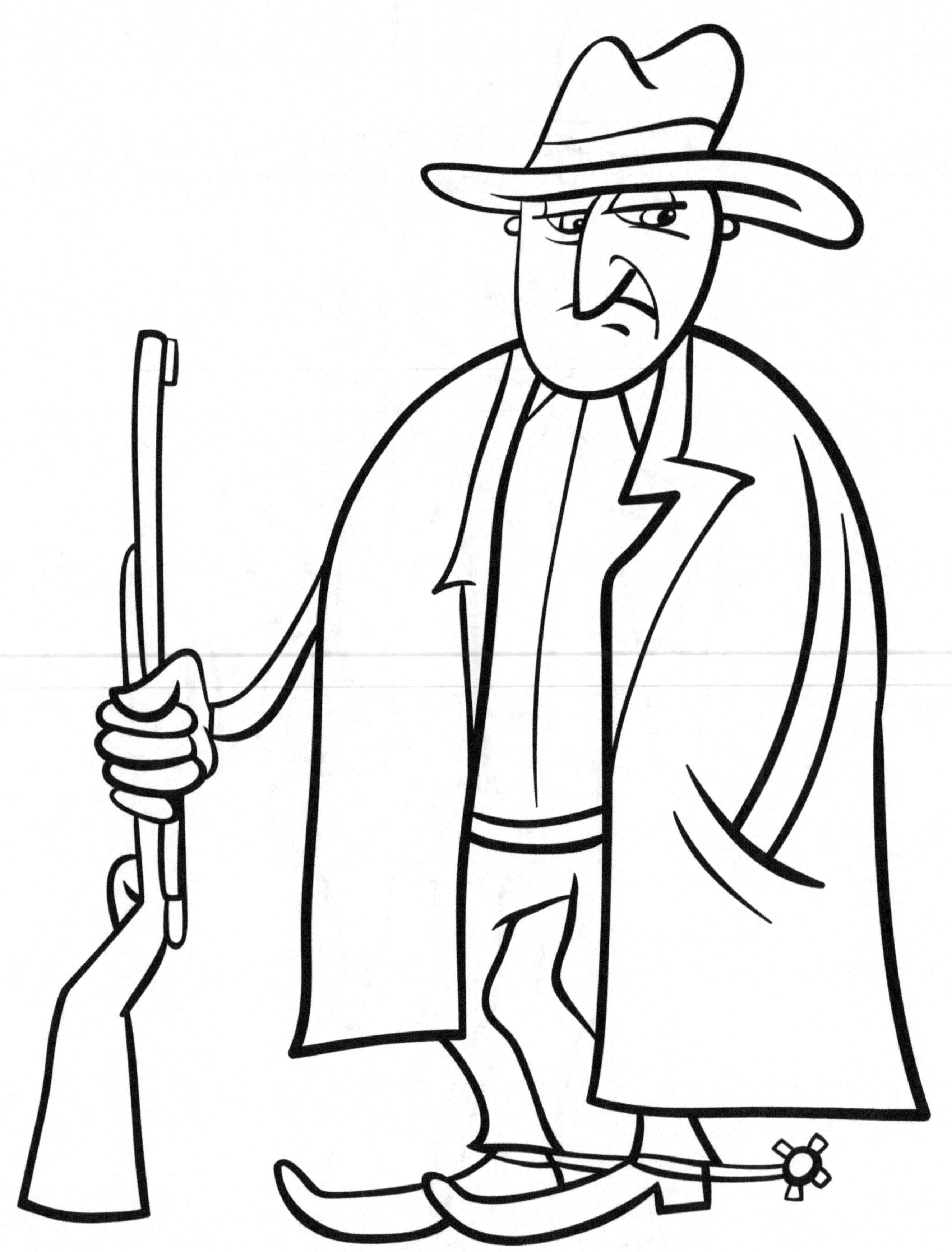

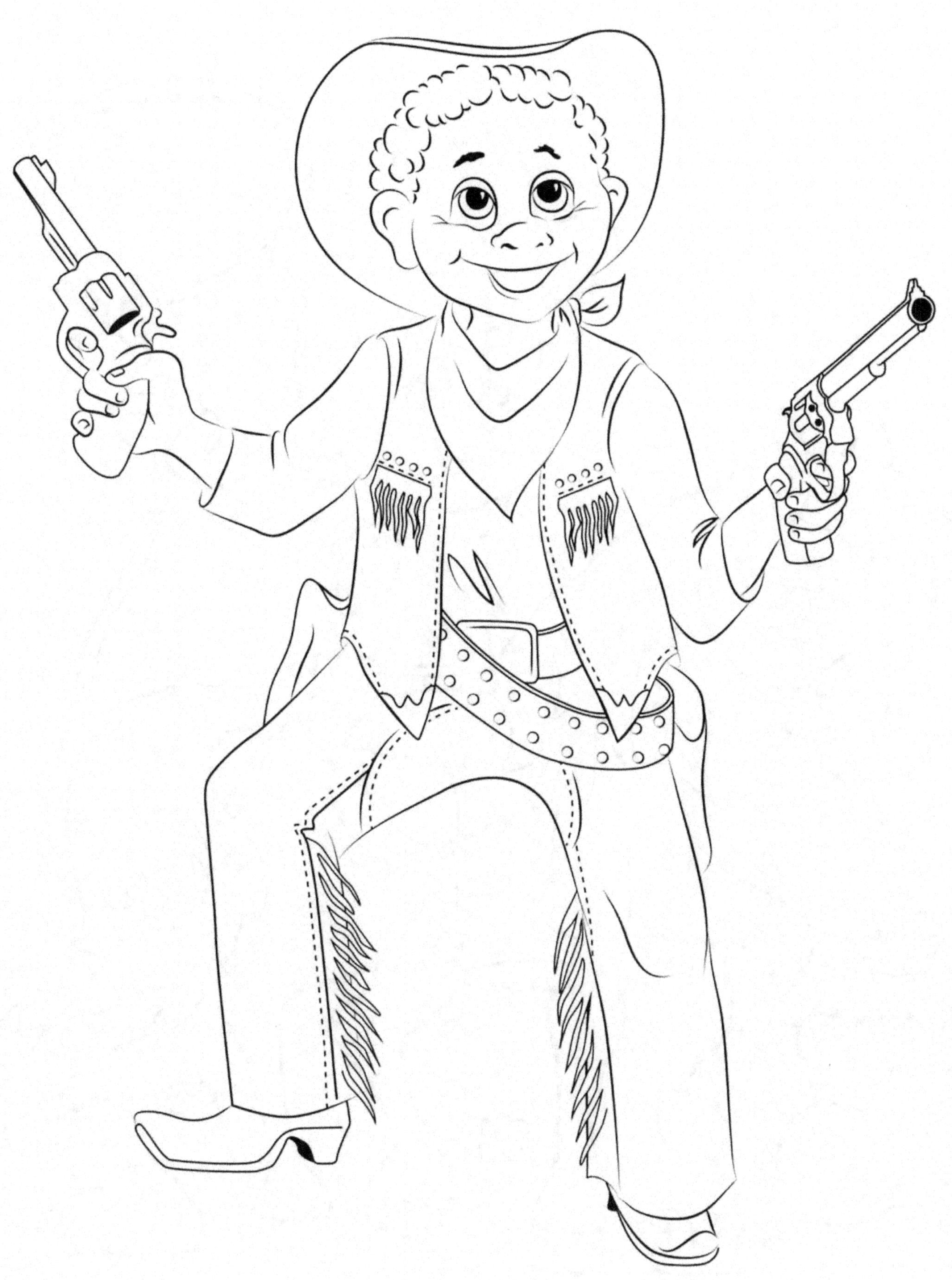

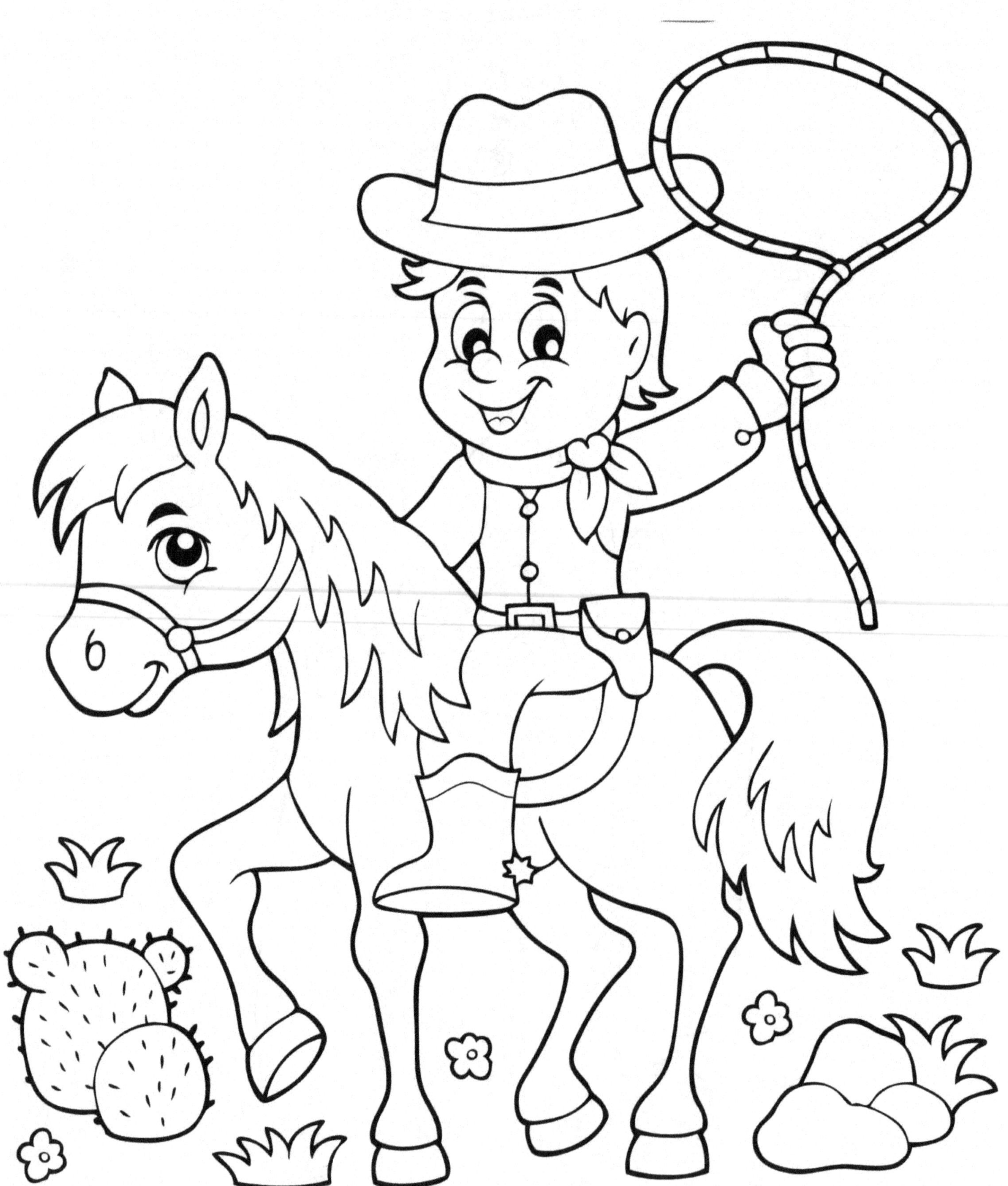

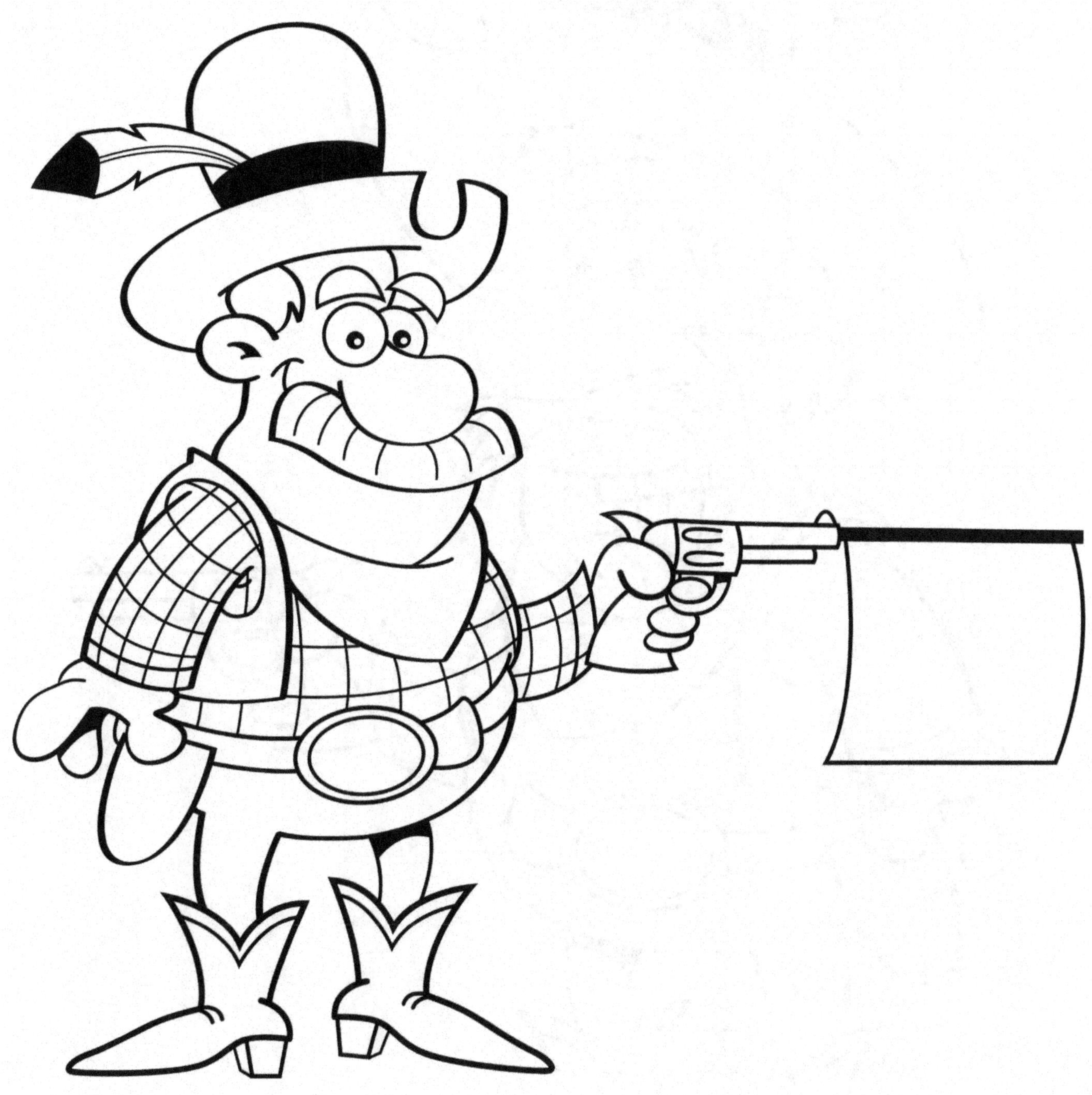

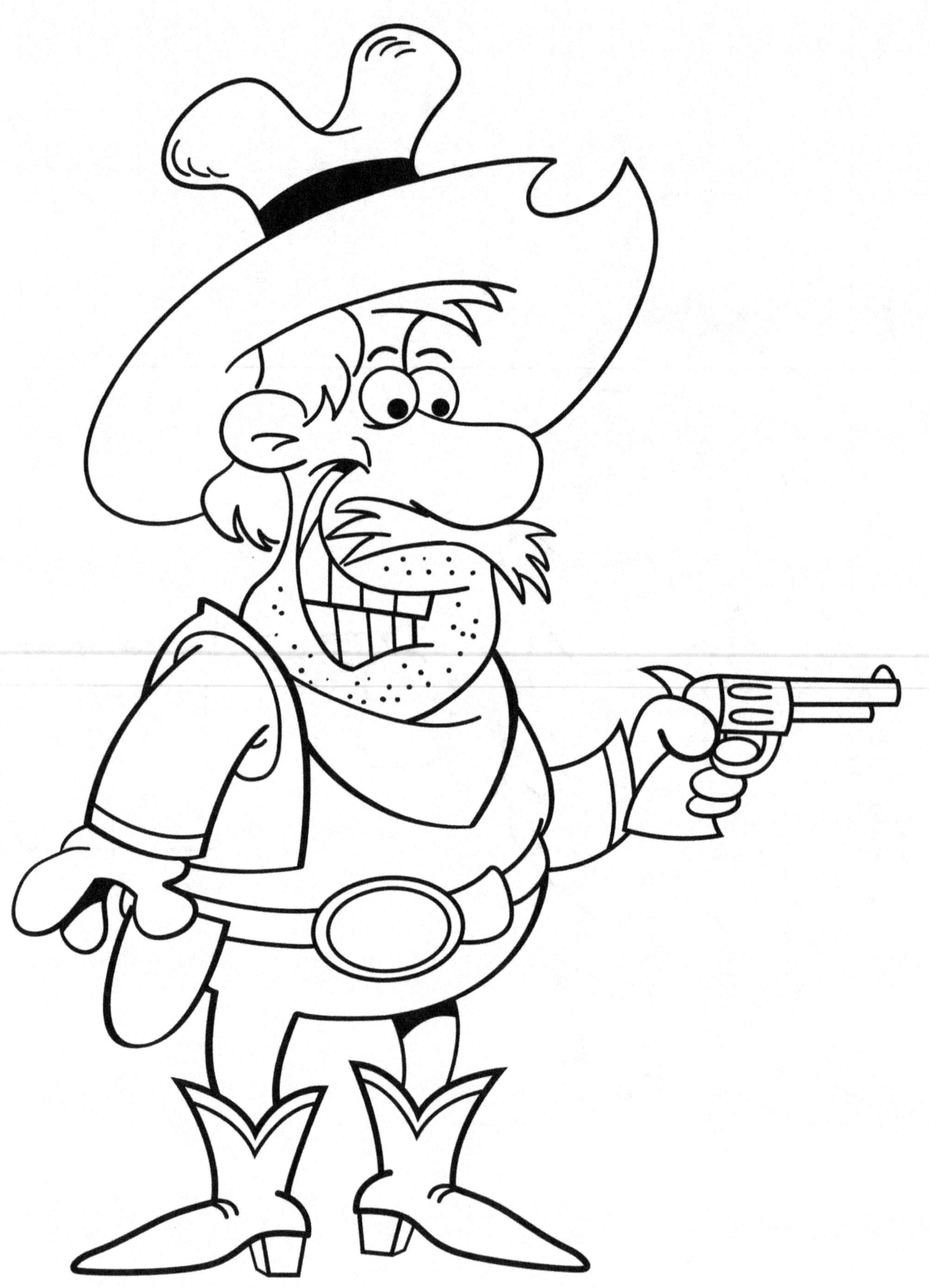

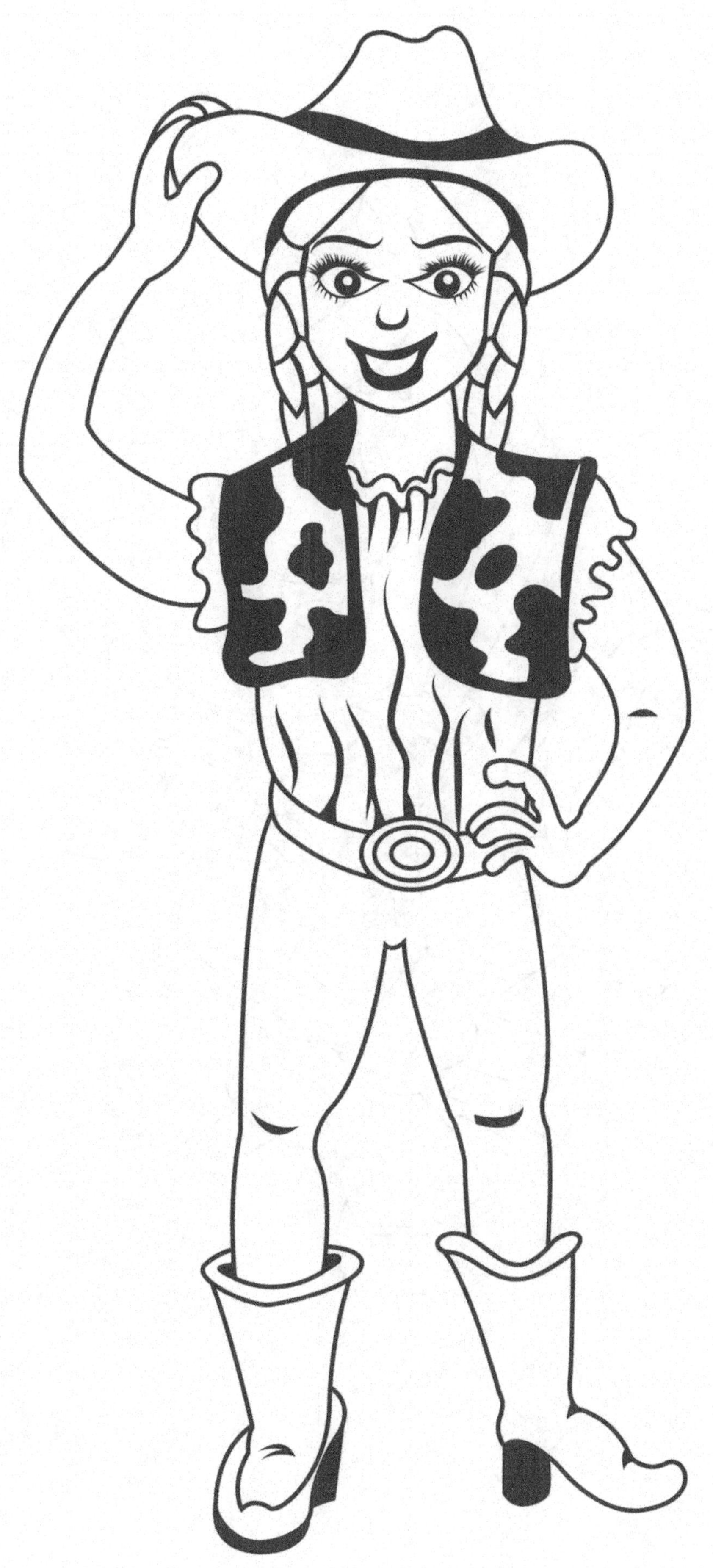

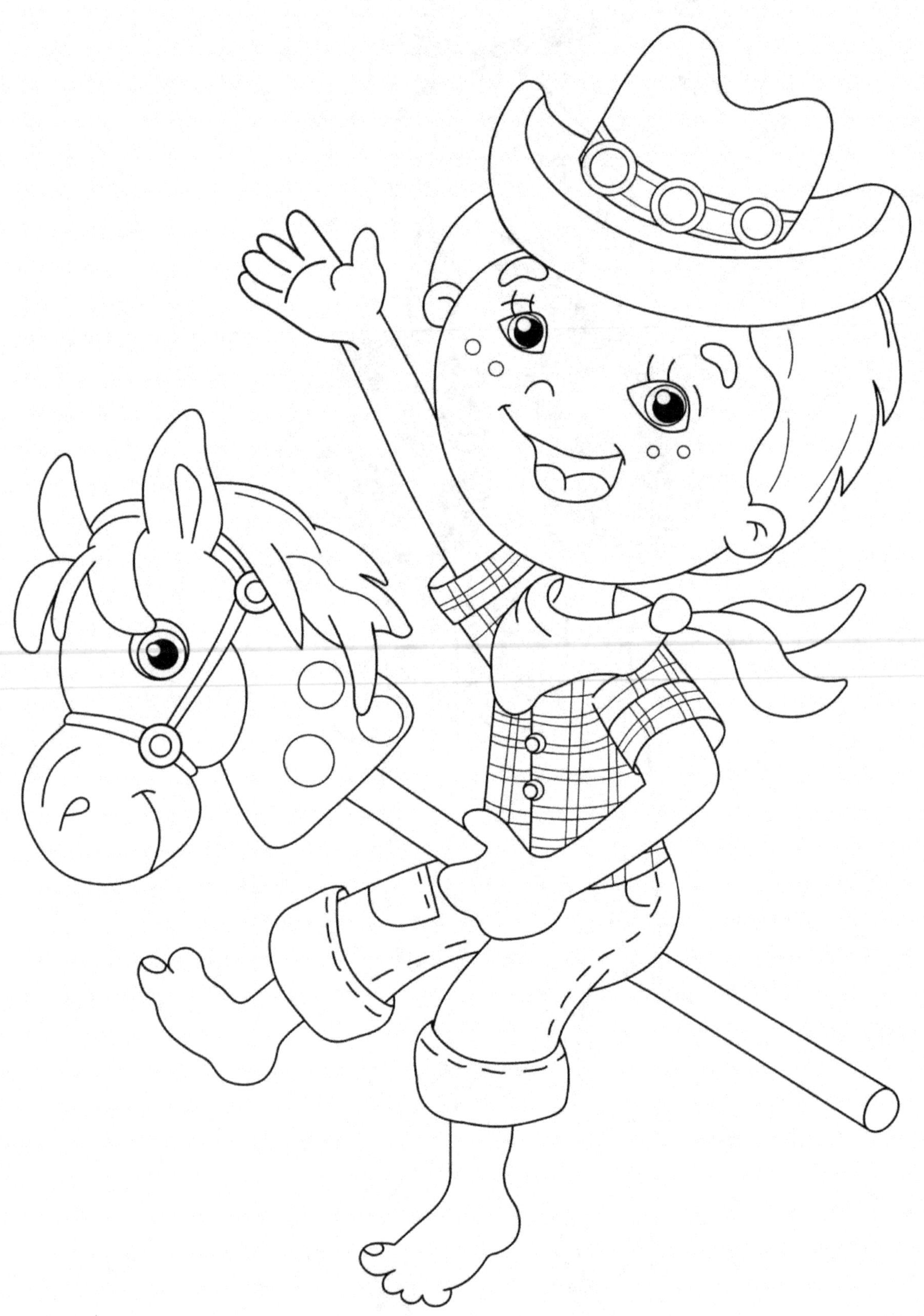

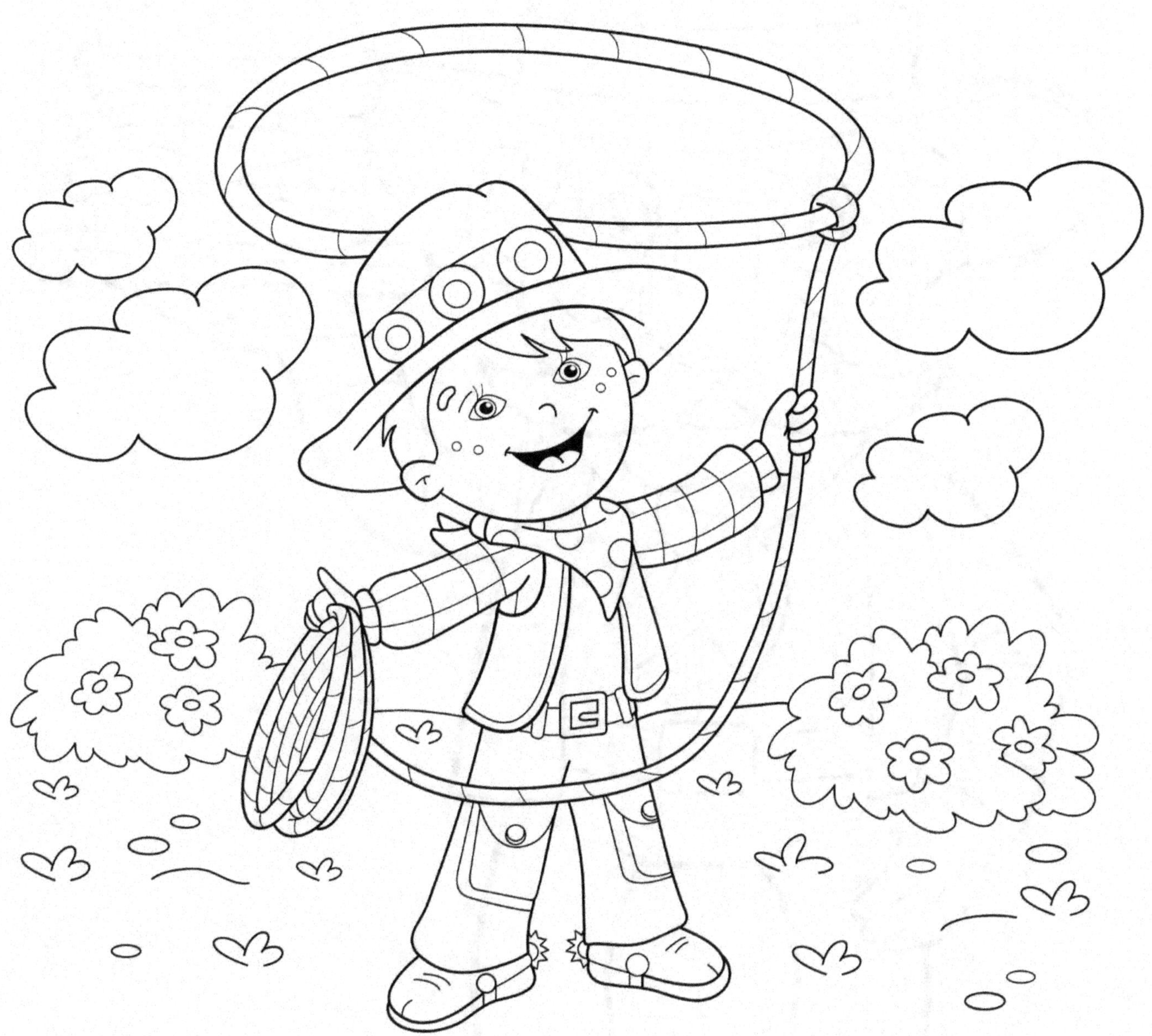

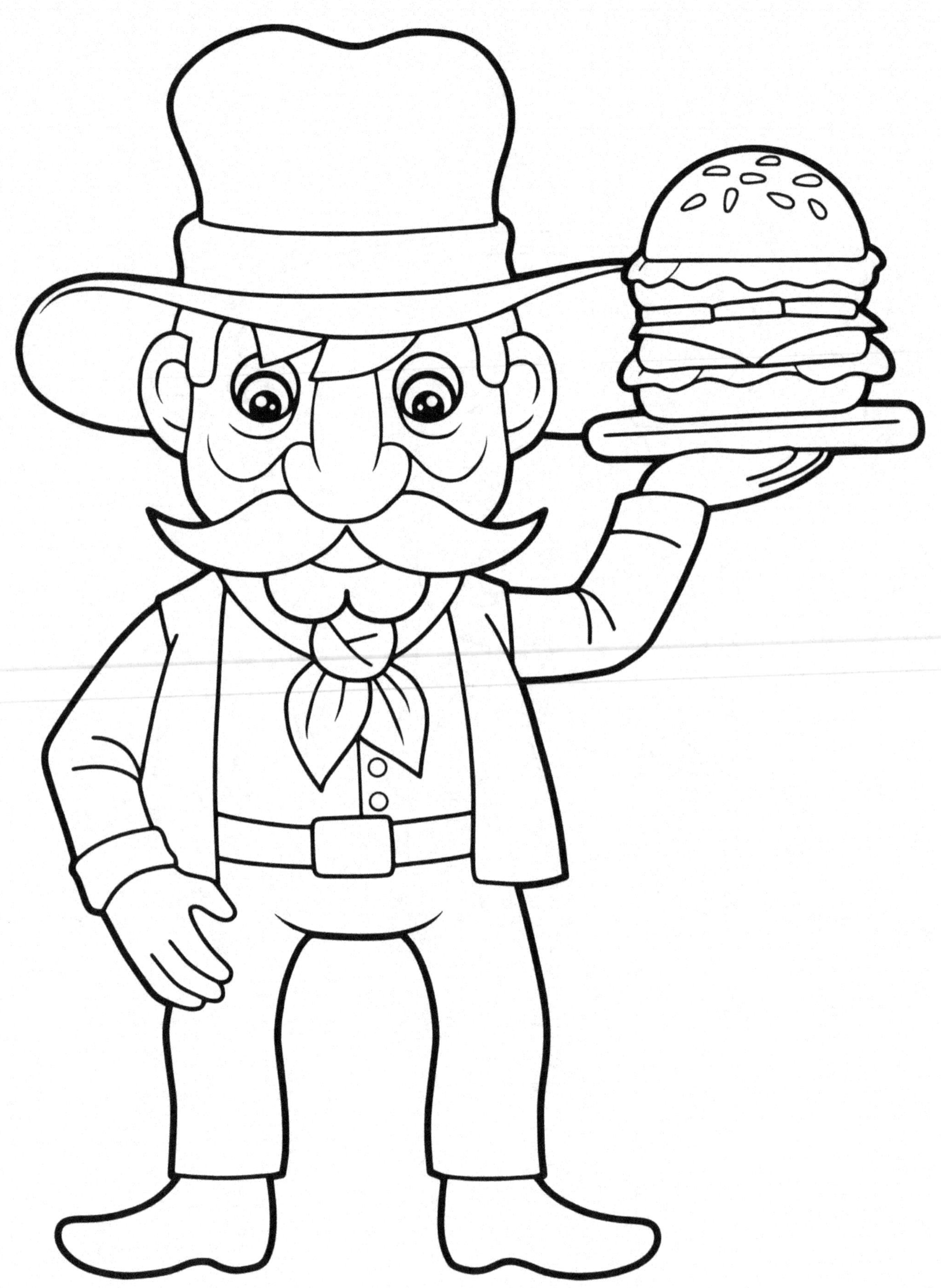

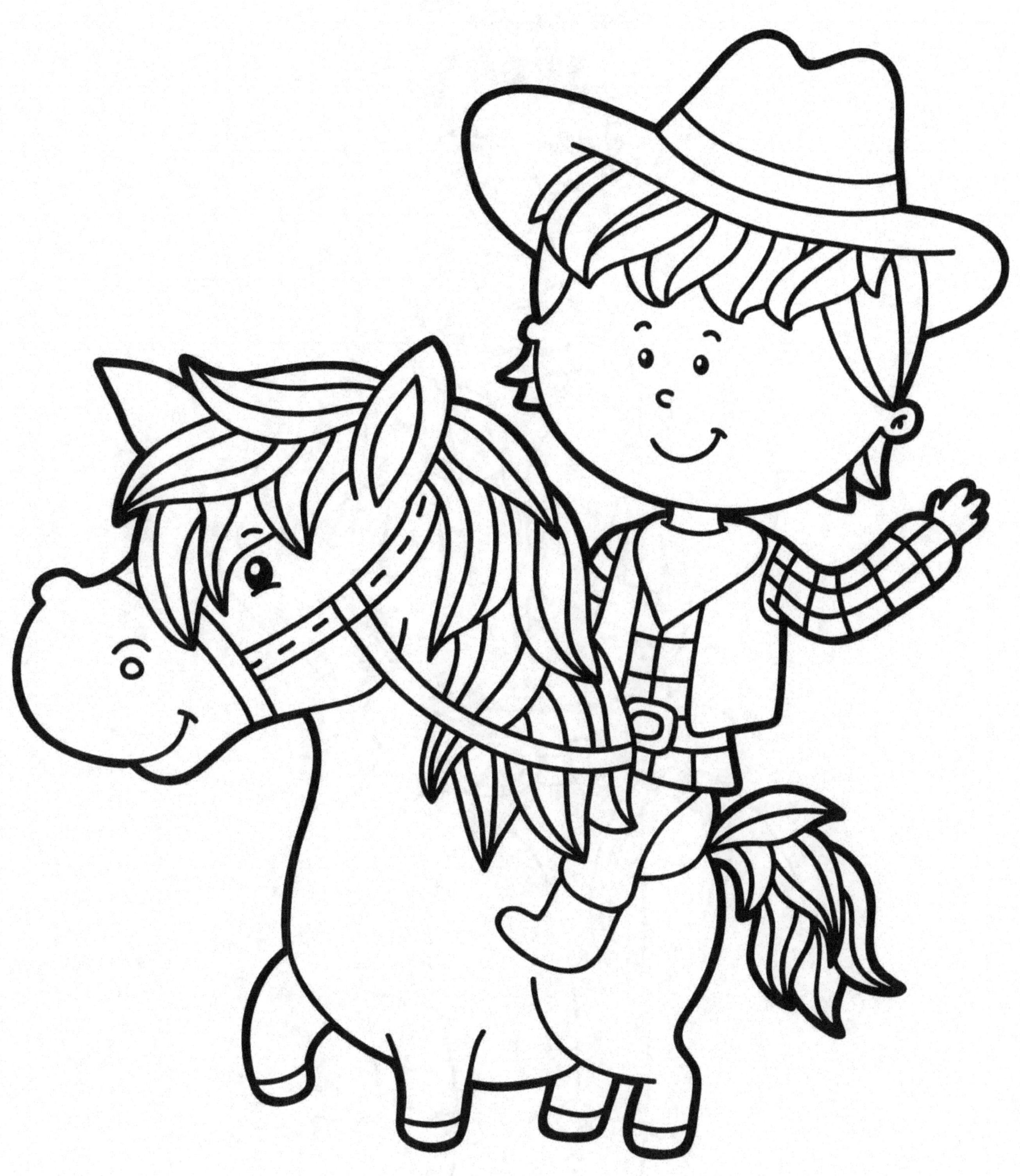

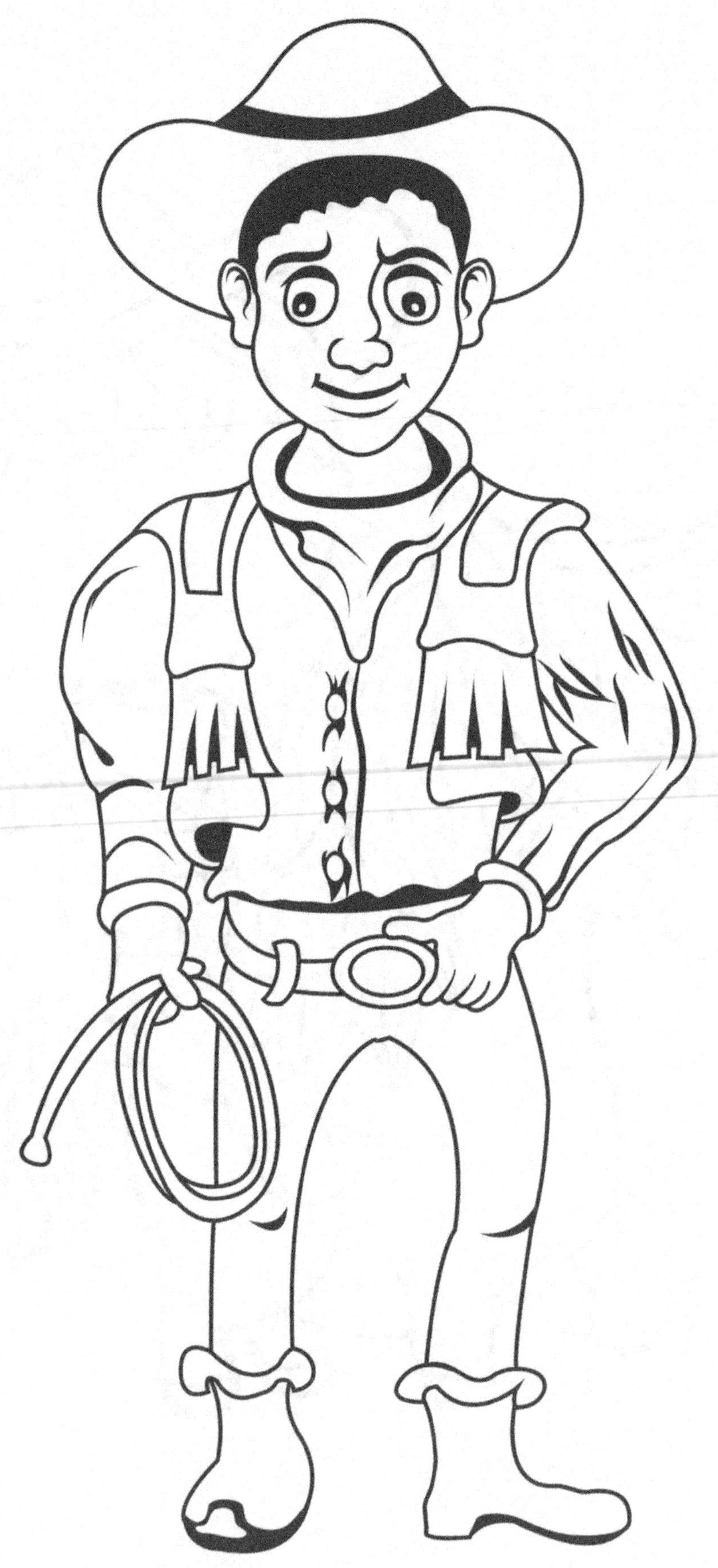